若草の市民たち　3

私たちのヨーロッパ

L'édition originale de cet ouvrage a paru sous le titre
《L'Éurope : Collection Citoyens en herbe 3》
© Editions Gallimard Jeunesse, 2000
Japanese Translation Rights©Hiroko Omura & Atsushi Omura, 2004
printed in Japan

en herbe
.rope

文　エドアール・プラムラン
訳　大村 浩子 = 大村 敦志
　　　おおむら ひろこ　　おおむら あつし
絵　シルヴィア・バタイユ

信山社

訳者はしがき

　1992年9月20日、本書の訳者の一人は、日本で娘の4回目の誕生日を祝っていました。同じ日、もう一人の訳者は、出張中のフランスで、マーストリヒト条約の批准をめぐる国民投票に遭遇しました。ホテルの部屋の窓からは、投票場になっている近くの小学校の中庭が見下ろせ、投票のために出入りする人々の姿が目に入りました。EU（ヨーロッパ連合）誕生にかかわる国民投票の雰囲気を感じたいと考えて、さっそく投票場へ。中庭には白い紙片が散乱しています。そのうちの1枚を拾うと、そこには大きな活字で「賛成(oui)」という文字。もう1枚を拾うと、やはり大きな活字で「反対（non）」。

　この国民投票では、投票者には「賛成」「反対」の2枚の投票用紙が渡され、そのうち1枚が投票されていたのです。訳者の手の中の最初の1枚は「反対」の票を投じた人が捨てたもの、もう1枚は「賛成」の人が捨てたものだったわけです。「賛成」と「反対」を1枚ずつ手にした訳者は、今度は開票場に向かうことにしました。最終的には、この投票の結果は賛成＝51％、反対＝49％というきわどいものでしたが、フランスはなんとか国民の賛成をとりつけて、「統合ヨーロッパ」へと、さらなる一歩を進めました。

　それから10年以上の年月が経ちました。2002年の夏休み、訳者は中学生になった娘を連れてフランスを訪れました。新旧のフランス紙幣は姿を消しており、一見すると、「子ども銀行」のお札のようなユーロ紙幣が使われています。真新しい紙幣を手にして、「ヨーロッパ」もここまで来たのかと実感しました。

この「ヨーロッパ」が、本書のテーマです。
　フランスの人々は、南へ北へと、ほんとうに軽々と国境を越えて出かけていきます。夏の旅行は、イタリアへ、いや英語を学ぶためにイギリスへ——。反対に、フランスにやって来るEU市民も少なくありません。アパートの管理人のおじさんはポルトガル出身だし、ベビーシッターの女子学生はドイツから来ているという具合に。このような人の移動は、フランスに限らず、ヨーロッパのあちこちで等しく見られる現象です。
　2004年からは、新たに10ヶ国がEUに加盟します。ヨーロッパにおける人の交流や物の取り引きはさらに盛んになっていくことでしょう。人や物の移動だけではありません。イラク戦争の際の大規模な反戦デモで明らかになったように、ヨーロッパには、アメリカのそれとは異なる人間観・社会観があるように感じられます。制定作業が進められている「ヨーロッパ憲法」は、そうした理念を示すものとなることでしょう。
　しかし、「ヨーロッパ」への道のりは平坦なものだったわけではありません。また、EUの強化に対する反対には、なお根強いものがあることも確かです。本書の中では、EUの現状や諸制度が示されるだけではなく、その理念や歴史が語られるとともに、様々な問題点が指摘されています。こうした叙述は、隣国の人々とともに「アジア」に生きる私たちにとっても、興味あるものになっています。

　『若草の市民たち (Citoyens en herbe)』は、子ども向け「市民教育」のためのシリーズです。このシリーズは、フランス出版界の老舗であるガリマール社が移民社会活動基金と提携して企画したもので、2000年に出版された第3巻「私たちのヨーロッパ」（本書）、第4巻「さまざまな家族」に先立ち、1999年には第1巻、「仲間たちとともに」と第2巻「仕組みをつくる」が公刊されています。

本シリーズには挿絵も多く、原著では、対象年齢は 8 ～12 歳とされていますが、その内容はかなり高度なものです。とりわけ、専門家の手になる第 3 巻・第 4 巻の内容は充実したものです。それにもかかわらず、アデルとサイードの文通を通して話が進むために、興味を持って読み進めることができます。

　内容には、フランスに特有の事情もありますが、個人の尊重（第 1 巻）、政治のための諸制度（第 2 巻）、隣国や世界との関係（第 3 巻）、家族のあり方（第 4 巻）と、それぞれの巻で扱われたテーマは普遍性を持っていますので、日本の小中学校における社会科や総合学習の副教材として利用できるかと思います。また、フランスの社会や市民教育のあり方を考えるための資料の一つとしても、有益でしょう。

　ただ、生活・制度の両面で、日本の読者にはややニュアンスのわかりにくいところも全くないわけではありません。そこで、翻訳にあたっては、子どもたちを通じて、その両親や先生方とつきあい、フランスの家庭や学校の事情を知る浩子が、本文（アデルとサイードの手紙）を翻訳し、EUの法制度の専門家ではありませんが、民法を中心にフランス法を勉強している敦志が、その他の付属的な部分（制度解説と用語解説）を翻訳して、訳文を相互に検討することにしました。こうしてできあがったのが本訳書です。

　第 1 巻・第 2 巻に続き、信山社の袖山貴さん・有本司さんには、適切なサポートをしていただきました。この場を借りて重ねてお礼を申し上げます。

2003年12月24日

大村浩子・大村敦志

「無人の独仏国境のゲート」（24頁参照）　写真　大村敦志（2000）

「ユーログッズいろいろ」（36頁参照）　写真　大村敦志（2002）（換算計算機は金山直樹氏提供）

サイードへ

　　あなたに、すごいニュースがあるの！　社会科のヴィダル先生と計画をたてているところなんだけど、私たち、今年、ヨーロッパ連合*（EU）探訪の旅に出かけるのよ！　言っておきますけど、これはヴァカンスじゃなくて、研修旅行なのよ！

　私たちの中学校は、「コメニウスプログラム*」という他校との交流計画に選ばれて、EUについて勉強することになったの。私たちの中学校の他にも、4校が参加しているの。デンマークと、イギリスと、スペインと、それにドイツの中学校よ。インターネットのおかげで、他の学校とも、もう連絡を取り合っているのよ。　いろいろな人と知り合いになったわ。ヨーロッパは、アメリカ合衆国よりは小さいけれど、それでもやっぱり、とても広くて、いろいろな民族が住んでいるわ。

　4人のメール仲間を紹介するわね。　エリックは、デンマークの首都コペンハーゲンに住んでいるの。セシリアは、スペインのカタロニア地方の中心都市、バルセロナに住んでいるの。ヤハーは、南ドイツのハイデルベルクに住んでいるんだけど、クルド系なんですって。リンドフォードは、イギリスのマンチェスターに住んでるの。

　私たちは英語を使って、なんとかやりとりしているの。困ったときには、先生方が助けて下さるのよ。ヨーロッパに共通言語がないのは、本当に残念だわ。

　来月、私たちはみんなでストラスブールへ行くのよ。そこには、ヨーロッパ議会*があるの。それから、ブリュッセルへ向かうの。そこにも重要な機関がいくつかあるの。今はまだ、そういった機関がどういう役割を果たしているのか、よく分からないわ。

　おじいちゃんに、今回の旅行の話をしたら、「ヨーロッパ、とりわけブリュッセルという所は、役所にいる大勢の連中が、わけの分からん法律を勝手に決めおって、加盟国はしぶしぶ従っておるんじゃ」って言うのよ。　いつもながら、おじいちゃんは、大げさなのよ！　たとえばね、本部で働く人間の数についても文句を言ってるわ。　約16,000人。確かに多いと思うけど、フランスの小さな官庁くらいでしょ！　おじいちゃんは、こんなことがまかり通り続けたら、釣りにも、おちおち行っていられなくなるって言うのよ。ブリュッセルの役人は、釣りを禁止する規則を作りかねないって言ってね。彼らは何にでも口ばしをつっこむにちがいないって言うのよ。おじいちゃんが正しいかどうか、私には分からないけど、きっと分かるようになると思うわ。

　あなたからのニュースも待ってるわ。

ではまた！
アデル

アデルへ

　君はついてるね。すごくたくさんの友だちと出会えるんだから！
　ミシェルに、ぼくが前にいたロンワルの学校が、ヨーロッパの交流プログラムに選ばれたことを話したら、すっごく興味を示してたよ。そして、ぼくたちの学校にも、来年、チャンスがまわってくるかもしれないって言ってたよ。それに備えて、ぼくは、ワリーとマリオといっしょに、EUについての研究発表をすることになってるんだ。

じゃあね。
サイード

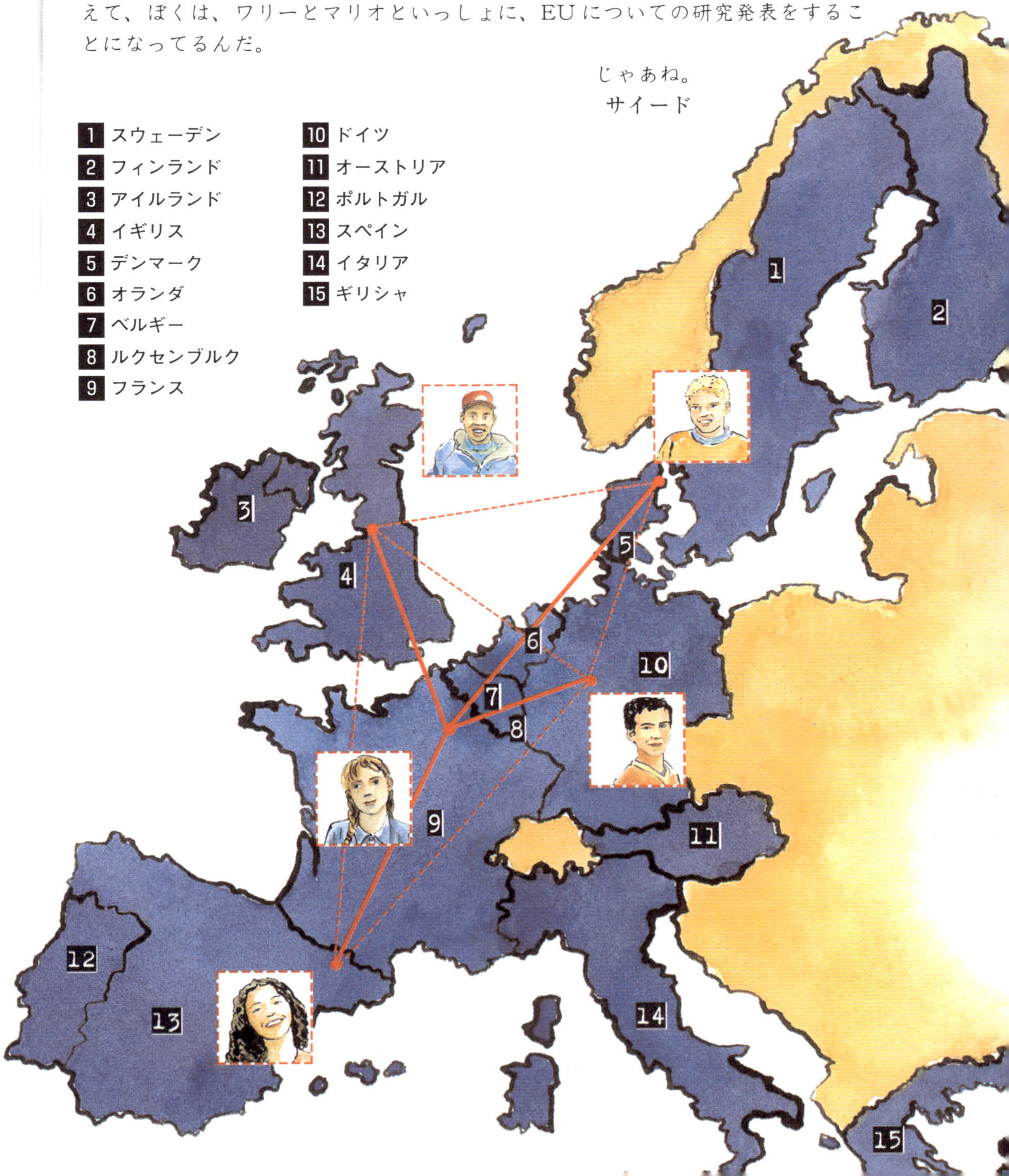

1 スウェーデン
2 フィンランド
3 アイルランド
4 イギリス
5 デンマーク
6 オランダ
7 ベルギー
8 ルクセンブルク
9 フランス
10 ドイツ
11 オーストリア
12 ポルトガル
13 スペイン
14 イタリア
15 ギリシャ

 サイードへ

　週末におじいちゃんに会って、もう1度、私の旅行について話し合ったのよ。　おじいちゃんは、ヨーロッパ連合(EU)に対して、ちょっとだけ冷静になってたわ。「ヨーロッパ連合は、過去に戦争をしていた国々がお互いの平和を保証するために結成された、ということを忘れてはならん」って言ってたわ。そして何より、私たちがこれから訪れる地方がたびたび戦争を経験した地域だということを教えてくれたの。

　ねえ、EUって本当にすてきよね。おかげで、ヨーロッパ大陸には、2度と戦争が起こらないのよ。あなたはどう思う？

　　　　　　　　　　　　　　　　　　　それでは元気で。
　　　　　　　　　　　　　　　　　　　　アデル

第2次世界大戦の間

　ヨーロッパでは、4,000万人以上が死に、無数の建物が破壊された。ヨーロッパのほとんどの国がこの戦争に巻き込まれ、それはベルギーのような中立国でも同じだった。

　しかし、1945年以来、西ヨーロッパの国々は、経済的、政治的に歩み寄るようになったため、平和がもたらされた。

第2次世界大戦の終わりごろ、ドイツの首都ベルリンは廃墟と化した。1945年5月8日、この街でドイツ軍は降伏した。

1944年夏、ノルマンディー地方のカーンでは、街の大部分が破壊された。

アデルへ

　君のおじいちゃんは正しいよ。でも君の考えは夢物語だよ！

　今だって戦争は起きているんだよ。君は、ヨーロッパとヨーロッパ連合を混同しているよ！　ついこのあいだ起きたことを、君は覚えてないのかい？　テレビで見たじゃないか。爆撃、難民。あれはフランスからも遠くないヨーロッパで起きたことなんだよ！

　きのう、ぼくは、パパにその戦争の話をしてもらったんだ。

それはバルカン半島で起こった

　ついこのあいだ、ユーゴスラビア（現在、セルビア・モンテネグロ）で紛争が起こったんだ。住民の90％以上がアルバニア人のコソボ地区＊は、この地を制圧したセルビア軍によって破壊され、多くの人が殺されたんだ。おまえもテレビで見ただろう。数十万人が、近隣諸国や西ヨーロッパを目指して逃げたんだ。彼らの前には、クロアチア人も、ボスニア人も、セルビア人も同じように逃げまどった。フランスは、そういう人たちを数千人受け入れたんだ。フランスに亡命を求めてきた人もいた。自分の国にいたら命の危険にさらされるから、すぐには祖国にもどれないんだ。

　分かっただろう。EUの加盟国もいまだに戦争と無関係ではないんだよ。いくつかの国がひとつになろうとしたわけを君に教えてあげたいから、ワリーとマリオといっしょにやった研究発表のレポートを送ってあげるよ。ヴィダル先生は、君たちにまだこういうことを話してないみたいだからね。

じゃあね！
サイード

ヨーロッパの建設

ヨーロッパ評議会

ストラスブールの人権裁判所

　1945年、ヨーロッパは第2次世界大戦の殺し合いと破壊に疲れ果てていた。多くの人々の思いは同じだった。
「もうこりごりだ！」
　1944年に、ヨーロッパを統合しようという運動が起こっており、それはやがて、1948年にオランダのハーグで大規模な会議が開かれるまでに発展した。ヨーロッパ評議会が1年後に創設され、様々な国々が結集した。
　それは、国際問題を話し合う場で、1950年にはローマで、「人権と基本的自由の保護に関するヨーロッパ条約」（ヨーロッパ人権条約）を採択した。
　この条約は、基本的権利――生きる権利、公平な裁判を受ける権利、表現の自由、往来の自由、信仰の自由、プライバシーの保護――を保障するものである。もし、これらの権利が脅かされるときは、ヨーロッパ人権委員会や、ストラスブールのヨーロッパ人権裁判所に訴えることができる。

石炭鉄鋼

　1950年、2人のフランス人の主導により、最初のヨーロッパ共同体が発進した。復興政策担当官のジャン・モネ

1951年4月18日、ヨーロッパの6ヶ国がパリ条約に調印した。こうして、ヨーロッパ石炭鉄鋼共同体*（ECSC）が創設された。

と外務大臣のロベール・シューマンの2人である。
　ヨーロッパ共同体は、石炭と鉄鋼生産を、フランス、西ドイツ、イタリア、オランダ、ベルギー、ルクセンブルクの6ヶ国共同で行うこととした。この6ヶ国の指図を受けることのない、独立した機関が指揮をとることにより、ECSC（ヨーロッパ石炭鉄鋼共同体）*は、ある特定の国の利益にかたよることなく、ヨーロッパ全体の利益を考えて政策を実行することを可能にした。
　1954年に、軍事面での統合を目指す防衛共同体構想が失敗した後、経済の面で、より広い範囲にわたる統合計画が提案された。それが、すべての生産物に対する共同市場である。

ヨーロッパ共同市場

　この計画は、1957年3月25日、ローマ条約*によって採択され、ECSCの加盟6ヶ国を再編成してヨーロッパ経済共同体が創設された。これは関税同盟である。つまり、加盟国間での取り引きに税金（関税）がかからないのである。共同体は、とくに農業政策に力を入れ、生産を奨励し、経済的に苦しん

1957年3月25日にローマで調印されたローマ条約により、ヨーロッパ経済共同体（EEC）が創設された。

でいる農民を保護した。共同市場を動かすために、共同の組織が創られた。ヨーロッパ委員会*、EU閣僚理事会*、ヨーロッパ議会*である。次第に、ヨーロッパ経済共同体は、他の国々へと広がっていった。1973年にデンマーク、イギリス、アイルランドが加盟し、1981年にギリシャが、1986年にスペインとポルトガルが、1995年にはフィンランド、スウェーデン、オーストリアが加盟した。

　こうしてヨーロッパ共同体のメンバーは、現在（2000年）では15ヶ国となったのである。

ヨーロッパ連合

　国家間の結びつきをより強固にするために、1992年2月、マーストリヒト条約*が採択された。この条約により、ユーロ*という統合通貨が生まれ、2002年から各国で流通することとなったが、これは加盟国間の取り引きを簡便にするであろう。安全保障や防衛など、他の領域における共通政策にも人々は希望を抱いている。

サイードへ

　ヴィダル先生もきっともうすぐ話して下さるわ…。ともかく、あなたのレポートには感謝するわ。

　さあ、いよいよ、旅が始まったのよ！ 私たちは、今朝、ストラスブールに着いたの。バスの中でヴィダル先生は、アルザス地方のことを話して下さったのよ。過去の歴史の中で、ドイツとフランスが、いかにこの地方をめぐって争ってきたかを知って、信じられない気分だわ。20世紀初めには、アルザスはドイツだったのよ。そして、第1次世界大戦の終わりごろ、フランスにもどったの。そして、第2次世界大戦中にはドイツに併合され、その後、フランス領に…。ドイツ領、フランス領、ドイツ領、フランス領、ドイツ領、フランス領…。

　なんて複雑なんでしょうね！ そういう歴史をふまえて、ストラスブールにヨーロッパ議会が置かれることになったのよ。アルザス地方は、ヨーロッパ連合のシンボルなのね。

ロベール・シューマン
アルザスの女性に囲まれて

　なにはともあれ、すてきなところよ。街中にEU旗*がひるがえっているの。私はたくさんの発見をしたわ。まず、EU旗に描かれた12の星は、加盟国を表すものではなく、人々の団結のシンボルなんですって。それから、5月9日はEUの記念日なんですって！（残念ながら、この日は祝日ではないのよ！）

　1950年5月9日、この記念すべき日は、ロベール・シューマンが、ヨーロッパ連合の構想を初めて発表した日なのよ。

　今朝、みんなで大聖堂の見学に行ったの。塔に登ったら、ストラスブールの街のすばらしい景色を見渡すことができたわ。それにドイツも見えたの。本当にすぐ近くなのよ。ライン川が国境になっていて、ヨーロッパ橋を渡るとドイツなのよ。

EU旗

ストラスブールの伝統的な建物を見学

今日の午後は、今回のプロジェクトに参加した全員が、ヨーロッパ議会*の見学をしたのよ。その建物は巨大なの！ 建築に10年近くかかったらしいわ。1,133のオフィスがある20階建ての建物で、廊下は迷路のようになっているの。750席の半円形会議場もあったわ！ 外観は曲線的でガラス張りなので、本当に美しいのよ。現在は、626人の議員がいるの。でも、すべての国から同数が選出されているわけではないのよ。 人口が一番多いドイツは99人、フランスは87人、ルクセンブルクは6人だけ。でも悪い数じゃないわ。だって、フランスの人口は6千万人だけど、ルクセンブルク公国には、40万人しか住んでいないんですものね。議員は、15の加盟国の国民による直接選挙で選ばれるの。議会では、議員は政党ごとに分かれて座っているの。現在は、各国の100以上の政党がそれぞれまとまって、7つのグループに分かれているんですって。

ヴィダル先生によると、被選挙権を得るためには、EUの市民であることと、23歳以上であることが必要なんですって。 今のところ、女性議員は30％しかいないらしいわ。だから私、計算してみたのよ。ヨーロッパ議会議員の選挙は5年ごとに行われているから（一番最後にあった選挙は、1999年6月13日でしょ）、私がヨーロッパ議会議員になるためには……2014年まで待たなければならないのね！

ストラスブールのヨーロッパ議会

ヨーロッパ議会の内部

ユースホステルにもどった後、やっと時間がとれて、各学校の仲間たちと話し合うことができたの。あなたに紹介するわ。

ところで、旅行中の私あてにメールを書くことができるアドレスは次のとおり。
jean.vidal@longwal-ecole.

　　　　　　　それではまたね！
　　　　　　　　　　アデル

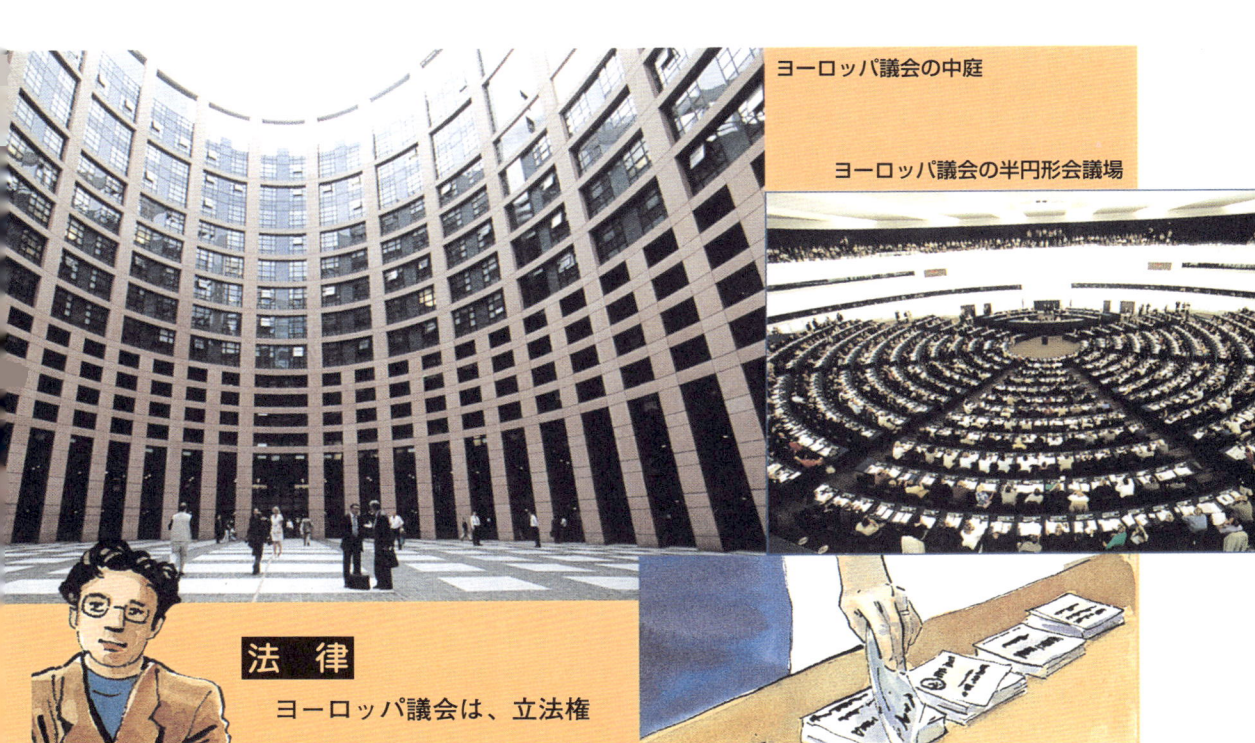

ヨーロッパ議会の中庭

ヨーロッパ議会の半円形会議場

法律

　ヨーロッパ議会は、立法権をもっています。つまり法律を作ることができます。
　環境、消費、保健衛生といった特定の分野では、加盟各国の代表者によるEU閣僚理事会＊と共同で最終決定を下します。これが共同決定手続きというものです。その他の分野においては、議会の役割はもっと制限されています。

予算

　ヨーロッパ議会は、予算についても役割を果たしています。ヨーロッパ連合の予算案を採択し、その使用を監視しています。毎年、6,500億フラン以上が支出されています。

ヨーロッパ委員会

　そして、ヨーロッパ議会は、加盟国に法律を提案する組織であるヨーロッパ委員会も統制下においています。議会は委員会を解散させることができます。つまり、首にすることができるということです。ですからヨーロッパ議会は、EU市民にとって非常に重要な機関なのです。実際、選出された議員を通して、EU市民はヨーロッパの骨組みを変えることもできるのです。ヨーロッパ議会の役割は増える一方なのです…。

エリック
12歳

ヤハー
13歳

エリック は親切だけど、ものすごくおしゃべりで、自分の国が世界で一番美しいって思っているようなの。彼が私たちに説明してくれたんだけど、デンマークでは、外国人が尊重されているんですって。外国人でも、何年か住んでいれば、地方選挙で投票できるんですって。デンマークは、貧しい国々をもっとも援助している国のひとつだとも言ってたわ。デンマーク人はイギリス人とちょっと似ているところがあって、ヨーロッパ連合をあまり信頼してないんですって。だから、EUの通貨であるユーロ*の使用を、今は拒んでいるし、マーストリヒト条約*のいくつかの条項についても同意していないの。この条約の共通外交政策に、デンマークが参加しなくていいように、条項を定めておくべきだったと思うわ。ともかく完璧っていうわけにはいかないわね。

ヤハー はちょっと内気な子で、ウォークマンばかり聞いているの。彼はドイツ南部のハイデルベルクに住んでいるのよ。アルザス地方のすぐ近くで、裕福な地域らしいわ。

ヤハーの説明によると、ドイツではクルド人*だからといって、クルド人の共同体に属するのは当たり前というわけではないらしいの。クルド人の共同体はあまりにも大きすぎるという理由で、じゃまもの扱いされることがあるんですって。でもクルド人達は、たいてい、彼らの固有の風習を守りながら、いっしょに生活しているんですって。ヤハーはそれがいやでたまらないらしいわ。1999年の法律によって、ヤハーのご両親はドイツ人になれるらしいの。彼らは15年間、ドイツに住んでいて、ドイツ国籍を取得する条件を満たしているんですって。ヤハーは、ドイツで生まれたけど、両親が外国人なので、18歳から23歳の間に、どちらの国籍にするかを最終的に選択しなければならないそうよ。彼は、自分をヨーロッパ人だと思っていて、南ヨーロッパに行ってみたいんですって。

リンドフォード
12歳

セシリア
12歳

リンドフォード はイギリス（イングランド）北部のマンチェスターに住んでいるの。お父さんはジャマイカ人なのよ。リンドフォードは、いちばん感じのいい子で、私が聞き取れるように本当にゆっくり英語を話してくれるのよ。おかげで、少しは英語が分かるようになったわ。彼には、お姉さんがひとりいて、私の姉のマリーヌと同い年なの。だから、4人で仲良しになれたらいいねって言いあっているのよ。そうすれば、私は英語が上達するし、彼のお姉さんは、フランス語をマスターできるわ。リンドフォードは、ヨーロッパ連合の一員であることに満足してるの。ヨーロッパを自由に旅行できるからですって。でも、彼が言うには、ヨーロッパがあまりにも強大な力を持つことを望まないブリテン人はたくさんいるんですって（イングランドも含む大ブリテン島の住民をブリテン人と呼ぶそうよ）。彼らは、自分たちの独立性が失われることを恐れているの。別の見方をすれば、彼の住む町には、今のところ外国人問題はないけれど、イギリスの他の町では、深刻になってきているそうよ。

セシリア はバルセロナに住んでいるの。彼女には、ちょっといらいらさせられることもあるけど、愉快な子よ。彼女は、フランス語をかなり上手に話すの。ここ数日でまたずいぶん上達したわ。彼女によると、ほとんどのスペイン人は、ヨーロッパ連合を支持しているそうよ。ヨーロッパ連合に加わり、補助金を得たおかげで、スペインは、この15年間で、めざましい発展をとげたらしいわ。　でも、彼女にとっては、ちょっと複雑なんですって。彼女は、自分をヨーロッパ人であり、スペイン人であると思っているんだけど、それ以上に、カタロニア人＊だっていう思いがあるんですって！　彼女は、バルセロナを首都とするカタロニア地方に住んでいて、カタロニア語を話すのよ。

アデルへ

君の新しい友だちは、すっごく感じよさそうだね。それに、君が彼らと英語で話しているなんて驚きだよ。ぼくは思ったんだけど、ともかくみんなヨーロッパ人なんだよね。ミシェルは、ぼくたちがヨーロッパ連合の市民としてもっている様々な権利について話してくれたんだよ。

ヨーロッパ市民権＊

1992年のマーストリヒト条約＊によって、加盟国の国籍をもっている人はすべて、ヨーロッパ市民となりました。ヨーロッパ市民であることによって、たくさんの権利が与えられます。たとえば、フランス人のある人は、ドイツでもイタリアでも、その他EU内のどの国にも、住むことができるし、旅行することも、働いたり、勉強したりすることもできます。また、ヨーロッパ議会議員選挙の投票をすることができるし、立候補することもできます。EU15ヶ国内のどの国でも、住んでいれば、その地の地方選挙（町長や村長を選ぶ選挙）の投票ができるし、立候補もできます。ヨーロッパ市民ならば、だれでもみんな、この権利をもっているのです。

それから、ヨーロッパ市民はもちろん、EU圏内のいずれかの国に住んでいる人はみんな、ヨーロッパ議会に請願書や要望書を送って、取り上げてもらいたい問題を知らせることができます。たとえば、移動の自由に関することや、免許や資格の認定に関することなどです。もし、ヨーロッパ連合の行政機関がすることに不満がある場合は、ヨーロッパ調停官に訴えれば、調査してもらえます。

ヨーロッパ市民は、たくさんの利点を持っているのです。たとえば、EU圏外の外国へ行ったとき、なにかトラブルに巻き込まれたとしましょう。そのとき、あなたの国の大使館が見つからなかったら、EUの国のどの大使館も、あなたのことを保護してくれるのです。その保護は、基本的権利のすべてに及びます。

ヨーロッパ連合は、民主主義の価値観にのっとって建設されました。ですから、すべての差別——性、人種、民族、宗教、信条、障害、年齢、同性愛

ぼくはマリオのことを考えたんだ。ほら、君の知ってるイタリア系の友だちだよ。彼には、イタリアに住んでいる親戚がいるんだ。彼らは自由にフランスに来ることができるし、フランスに住めば、地方選挙に立候補することもできるんだよ。マリ人のワリーについても同じことが言えるのかどうか、ぼくにはわからない。彼や彼の家族が、ぼくたちと同じ権利を持っているかどうか、パパに聞いてみる必要があるね。

ヨーロッパ連合の加盟国ならどこへでも働きに行けるなんて、本当にすごいことだと思うよ。でも、ちょっと複雑なこともあると思うんだ。まず第1に、自分が行くと決めた国の言葉を話さなければならない。それから、フランスで取得した資格や免許が、行く先の国でも有効かどうか確かめなければならない。

ぼくは、「大旅行家アデル」が、ブリュッセルでの体験を語ってくれるのを、首を長くして待っているよ。

ところで、君はベルギーに居着いて、ベルギー人になったりしないよね。
冗談だよ！
じゃあね！
サイード

にもとづく差別──と戦うことを目的とした行動を奨励しています（アムステルダム条約*）。しかし実際には、すべての人は同じように扱われていません。いまだに女性差別という大きな問題があります。たとえば、女性は男性と同じ仕事をしても、同じ給料をもらえないことがあるのです。また、政治の場に、女性がほとんどいない国もあるのです。

サイードへ

　この手紙、揺れているバスの中で書いているの！　私たちは、今も旅行中よ。本当にすばらしいの！

　ストラスブールに3泊して、今はブリュッセルを目指しているの。途中、ルクセンブルクを通過して来たけれど、パスポートを提示しなかったのよ。国境の検問がもうないのよ。

　私はてっきり円筒形のケピ帽をかぶった税関吏がいて、私たちの荷物を調べるのかと思ってたのに、なんにもないの！　ヴィダル先生が説明して下さったんだけど、これは1985年に調印されたシェンゲン協定*によるものなんですって。この協定はEU15ヶ国中、イギリスとアイルランドを除いた13ヶ国に関係するものだそうよ。この協定によって、人々は国家間を自由に往き来できるようになったの。でもね、今も「移動税関」はあるのよ！　税関吏の乗った車のことで、国境から半径20キロ以内で、身分証明書の提示を求める権利があるんですって。

　商品は、税関の検問なしに、また、関税をかけられることもなく、自由に国境を通過できるの。だから私たちは、たくさんの大型冷蔵車が野菜を積んでスペインから北ヨーロッパへ向かうのを目にするのよ。そして、反対に北ヨーロッパ諸国からも、同じように食料品が輸出されていくのよ。

　でも、ヨーロッパ連合以外から入ってくる物品については、今でも関税がかけられているのよ。

　バスで移動中、とても古い工業地帯を通ったの。そこでは、石炭や鉄を生産しているんですって。今この地域は、多くの競争相手と価格競争をしなければならなくなって、危機に直面しているらしいわ。リンドフォードが話してくれたんだけど、マンチェスターの近くの彼の住んでいる地方でも同じなんですって。いくつかの工場は価格競争に負けて見捨てられ、閉鎖されてしまったんですって。

　あちこちで、小さなEU旗*の付いた看板を見かけたのよ。ヴィダル先生の説明によると、これは、EUが援助をしていることを示しているんですって。新しい産業を立ち上げるための資金だったり、あるいは、新しい工場や近代的な道路を建設するための

資金だったりするんですって。こうしたお金は、直接、EUの予算から出るそうよ。たとえば、ロレーヌ地方は、5年間で約30億フランの援助を受けたんですって。

ヴィダル先生は、バスの中で、私たちに研究発表会をさせたのよ。

今日はこの辺で。ブリュッセルから、また手紙を書くわ。

アデル

追伸　とんでもない、私はベルギー人になるつもりはないわ！

共通政策

この構想は、ヨーロッパ経済共同体（EEC）を誕生させた1957年のローマ条約＊にさかのぼります。ローマ条約によって、加盟各国は共通政策をとり、どの国も同じように発展し、豊かになっていくことを目指しました。最も重要な政策は、共通農業政策＊です。農家が確実に収入を得られるようにし、EU圏内の食料を自給することを目標にしました。この目標は十分に達成されました。EUは余るほどの食料を生産するようになったのです。

その次に重要な政策は、地方の発展を援助したり、おとろえた産業をよい方向に向けていくなどの政策です。実際、周りの国や地域に比べて、発展の遅れた国や地域があります。EUの援助政策によって、アイルランドやスペインやポルトガルといった国々は、たった数年でめざましい発展をとげました。この2つの主要な政策のほかに、EU圏外の国への支援政策があり、ヨーロッパ以外の発展途上国を支援しています。また、特定の分野に関する政策もあります。たとえば、研究を奨励する政策や、環境保護政策などがあります。

アデルへ

　君はついてるね。ぼくも、もう少し大きくなったら、たくさん旅をして、世界中の人と出会いたいよ。世界中いたるところで、ヨーロッパみたいに、国境がなくなればいいのにね。そういうことを、パパと話したんだ。パパは、「ものごとはそんなに単純じゃない。ヨーロッパ連合のほとんどの国で、国境の検問を廃止したからといって、すべての人が自由に往き来できるわけじゃない」って言ったんだ。パパはぼくと同じフランス人だけど、よくパスポートの提示を求められるんだよ。アルジェリア人だと思われるからさ！

　実際、ヨーロッパ連合内を往き来する人には、様々なケースがあるよね。ちゃんとした証明書を持っている人もいれば、持ってない人もいる。難民としてやって来る人もいれば、働きに来る人もいる。

EU内を往来する外国人

シェンゲン協定*圏内のいずれかの国への3ヶ月以上のヴィザを取得した外国人は、EU内のすべての国を自由に往き来することができるんだよ。

不法滞在者

ヴィザを持っていなくても、ヨーロッパへ入りたいと思う人はいる。不法な移民が入国審査を逃れて入ってくることだってあるんだ。その場合、不法移民が入ってきた国が、その問題に対処することになる。場合によっては、彼らを国外追放にすることもあるんだ。

難　民

EUに保護を求めてやって来る人々もいる。1999年にコソボからやってきた難民がそうだ。彼らは、祖国では生命の危険にさらされて、そこに住むことができないんだ。

この問題は複雑だ。なぜならこの問題についてはEU内での統一された法律がないからさ。つまり、難民は保護を求めて入った国の判断により、様々に違う扱いを受けることになる。

その上、難民はEUのひとつの国にしか、保護を求めることができない。だから、一度保護を拒絶された難民は、EUの別の国にもう一度保護を求めることができないんだ。この複雑な状況を改善するために、EU各国は同じ法律を作ることを決定したんだよ。

トラックに隠れていた不法入国者を発見

アデル、君にはまだまだ旅行日程が残っているんだろう！
ブリュッセルでの君の体験談を楽しみにしてるよ。

　　　　　　　　　　　　　　　　　　　それじゃあ、また！
　　　　　　　　　　　　　　　　　　　　　　サイード

　追伸　パパはぼくの質問に答えてくれたよ。やっぱり、ワリーと彼のお父さん、お母さんは、ヨーロッパ市民じゃないんだって。でも、彼らはフランスの滞在許可証を持っているから、ヨーロッパの他の国に、ヴィザなしで行くことはできるんだって。でも彼らが他の国で働きたいと思ったら、その働こうとする国の滞在許可証が必要になるんだって。

空港の入国審査

らが自由のために戦った行動が原因で迫害されている場合と、祖国で生命の危険にさらされていたり、自由を奪われていたりすることを証明できる場合、あるいは、非人道的な扱いを受けた場合に限られるんだ。

働きにくる外国人

　ヨーロッパに働きにやって来る外国人のために、EU各国は一致して同じ移民政策を採るよう検討を進めている。そうなれば、すべての人にとって分かりやすくなるだろう！

フランスでは

　難民・無国籍者担当局が難民の保護請求を審査している。フランスには、世界中からやって来る難民が1年に約24,000人いるんだ（これは1997年の数である）。彼らの請求は、ほとんど退けられる。難民として認定されるのは、彼

1981年からは、ヨーロッパ連合のパスポートもある

サイードへ

　あなたも今回の旅行にいっしょに来られたらよかったのに。だって本当にすばらしいのよ！

　ベルギーのアルデンヌ地方という森に囲まれた地方を通って、ブリュッセルに到着したの。ブリュッセルは、ベルギーの首都であるとともに、西ヨーロッパの中心としても重要な所なの。人口95万人のうち、30パーセントはベルギー人ではないのよ。

　街では、いろいろな国の人と出会うの。道路に面した建物の壁には、フランス語とフラマン語の2ヶ国語表記の標識があるの。そして、ブリュッセルの住人の10パーセントはEUの関係機関で働いているんですって！

　到着の翌日、私たちはEUの機関が集まっている地区に、地下鉄で出かけたのよ。そして、ロベール・シューマン駅で降りたの。ヨーロッパ委員会の建物は、星形のビルで、あまりきれいではなかったわ。このビルは、ベルレモン*って呼ばれているの。ヨーロッパ委員会*のお役人たちは、ここでヨーロッパ法の原案を作っているんですって。

　その隣にある建物が、EU閣僚理事会*なの。

ブリュッセルのヨーロッパ議会

ヨーロッパ委員会*

　加盟国が任命した20人のメンバーで構成され、EUの利益を守る。任期は5年。ヨーロッパ委員会は法案を作成して、EU閣僚理事会とヨーロッパ議会に提案する。また、条約が守られているか、採択された法律が実行されているかを監視するのも、ヨーロッパ委員会の役目である。さらに、国際条約に関する交渉も行う。

EU閣僚理事会*

　EU閣僚理事会はEUの法律を採択する。1年に100回近く召集される。EU閣僚理事会は、扱われるテーマを専門とする各国の代表者によって構成される。農業、経済、環境について分野別の理事会があり、それぞれの大臣が集まって討議する。理事会は、加盟国の利益を代表する機関である。投票

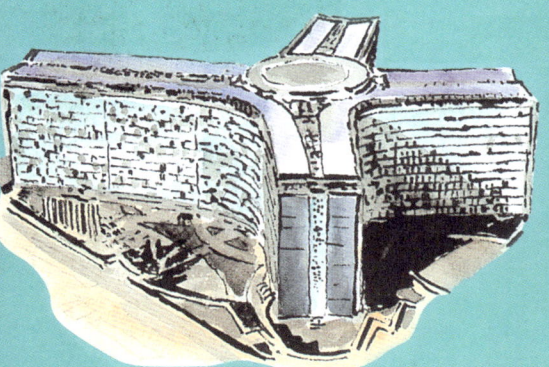

ヨーロッパ委員会

規則とか指令＊と呼ばれるヨーロッパ共同体の法律を採択していた所よ。なんといっても、「法律通り75番地」にあるんですから！　でも、そこで働いているのは閣僚だけではないの。2,000人の役人が、いくつもの法案と取り組んで、すべての人を納得させられるよう力を尽くしているのよ。

　それから、私たちは歩いてレオポルド公園まで行ったの。レオポルドというのは、ベルギーの偉大な王様の名前なのよ。そしてそこには、もうひとつのヨーロッパ議会が置かれているの。ブリュッセルには、EUの主要機関が集まっているのよ。この建物は、本当に堂々としていて、自信満々という感じで立っているの。ベルギー人はこの建物のことを、その外観が似ていることから、「カプリス・デ・デュウ」とフランスのチーズの名前で呼んでいるのよ。ぴったりの言い方だわ！

　私たちは、その中の半円形の会議場に入ったの。750席あるのよ！　議員達は、1ヶ月のうち3週間、ここに集まって法案を審議するの。翻訳者や通訳でごった返しているのよ。だってここの仕事は、EUの公用語＊である11ヶ国語で行われているんですもの！　見学も終わりに近づいたころには、頭が痛くなってきたわ！　幸い、EUの組織についての映画を見せてもらえたの。頭の中がちょっと混乱していたので助かったわ！

　明日は、ヨーロッパ委員会の環境委員に会いに行くのよ。スウェーデンの女性なの。インターネットで彼女の写真を見たのよ。

アデル

は、たいてい特定多数決＊で行われる。これは、ある一国が決定を阻止することができないよう、また同時に、多数の利益が尊重されるための採決法である。理事会の議長国は、6ヶ月ごとに交代する。

ヨーロッパ首脳会議＊

　1年に2回、EU加盟国の首脳が集まって、EUの大目標を決める。

ヨーロッパ裁判所

　加盟各国とEUの機関が、EUの法を守っているかどうか監視している。法に反していれば、制裁を加えることができる。

ヨーロッパ中央銀行＊

　EUの通貨であるユーロ＊を管理し、フランス銀行のような国立銀行を指導する銀行である。8年の任期で任命された6人のメンバーによる役員会と、この役員会に各国中央銀行の11人の総裁を加えた政策理事会が運営に当たる。

フランクフルトの
ヨーロッパ中央銀行

サイードへ

大変な1日だったわ！

私たちは地下鉄に乗って、ヨーロッパ委員会に行ったの。建物に入ってみると、どっちがどっちやらさっぱり分からなくて、迷子になりそうだったわ。

やっと環境総局を見つけたのよ。迷っているときに廊下で2人のフランス人委員とすれちがったわ。ひとりは、地域政策とEUの機構改革を担当している人で、もうひとりは、通商を担当する人だったわ。世界市場におけるEUの利益を守るために、アメリカと交渉した人よ。

フランス南部のベール湖周辺の汚染

環境問題

70年代初頭から、ヨーロッパは環境問題に頭を悩ませてきた。そしてこの問題に関わる200あまりの法律を作ってきた。なぜヨーロッパは環境にこれほどの関心を寄せているのだろうか。なぜなら公害には国境がないからだ。場合によっては、数ヶ国に汚染が広がってしまうこともある。たとえば、ライン川は、ドイツ、フランス、オランダにまたがって流れているから、汚染は3ヶ国に広がってしまう。

環境政策は、多くの分野に及んでいる。たとえば、EUは自動車の排気ガスを減らすために、触媒マフラーの使用を義務づけた。また他方では、ヨーロッパ投資銀行＊（EIB）を通じて、EUは環境保護事業にばく大な融資をし、汚水処理法の改善や廃棄物処理技術の向上を助けている。

またEUは、工場経営者や消費者に対して、環境保護に積極的に取り組

こうして、ようやくヨーロッパ環境委員の部屋にたどり着いたの。金髪のとても優しい人だったわ。彼女は私たちに、自分の経歴について話してくれたのよ。まず、スウェーデンで国会議員に選出され、次に市民問題担当大臣（とくに消費者問題と少年問題を担当）になったんですって。所属政党の中で重要な地位を占めるようになると、文化大臣に任命され、次に社会問題担当大臣に任命されたんですって。そして今度は、政府は彼女をヨーロッパ委員に推薦したんですって。

彼女は、私たちに長い時間つきあえなかったけど、彼女のスタッフのひとりが環境政策について話して下さったの。

それから私たちはヨーロッパ委員会を出たのだけれど、そこで何があったと思う？　道路に牛乳があふれていたのよ！　それは、EUに抗議する農民たちのデモ＊だったの。私たち、デモ行進を見ていたの。そしたら、その中のひとりが近寄って来て、私たちに状況を説明してくれたのよ。

EUのエコラベル

屋外に不法投棄されたゴミ

むよう態度の改善も求めている。そして、環境保護に関する厳しい規制に合格した製品には、エコラベルというEUが公式に認定するマークを与え、環境にやさしい製品を広く知らしめている。

エコラベルは、当初、食器洗い機と洗濯機に限られていたが、次第に他の家庭用電化製品にも広がってきている。ヨーロッパ委員会は、農家にも環境保護への協力を呼びかけた。すでに、3分の1の農家が、環境にあまり負担をかけない農薬や技術を使うことによって、自然をもっと大切にするという契約書にサインした。

しかし、環境政策は、すべての国の最優先課題とは限らない。他にも解決すべき問題を抱えているからである。しかしながら、ブルターニュ沖で起きた石油タンカー「エリカ号＊」の大事故は、汚染が深刻な事態を引き起こすことを物語っている。

私はブヌトという者です。農民です。シャラント県に住んでいます。小規模な酪農家で、牛乳を生産しています。今、我々は、CAPつまり共同体農業政策に抗議しているのです。

1962年に始められたこの政策は、当初、農産物の増産と農業の近代化を図るためのものであり、同時に、ヨーロッパの外から入ってくる農産物を制限して、ヨーロッパの農産物を優遇するためのものだったのです。ヨーロッパの農産物（穀物、ワイン、肉）の取り引きを簡便にするために、生産物ごとにひとつの市場を創設したのです。そのため、ヨーロッパ中で、同じ産物には同じ値段がつけられるようになったのです。

この政策は、最初は大成功を収めました。数十年で、生産は倍増し、農家の数は半減したのです。こうして、現在では、ひとりの農民が60人分の食糧を生産しているのです。1954年には、8人分かそこらだったのですよ！

しかしながら、EUに新しい国々が加わったことと、生産性が高すぎたことが、ばからしい問題を引き起こしたのです。EUは農産物を過剰に生産し、農産物が余り始めたのです。それでも農産物の価格は保証されているので、農民はせっせと増産に励み続けたのです。

やがて、農民は土地を「凍結する」よう求められました。つまり、耕地面積を減らし、生産制限、生産割当を命じられたのです。これと引き換えに、農家はお金という直接的な援助を受けました。農家は補償金を得たのです。そして、この補償金がEUの財政に重くのしかかってきたのです。EUが支出を抑えようとする気持ちは理解できますが、わずかな収入のために、重労働をしている、ここにいるすべての男たち、女たちのことを忘れないでほしいのです…。

EUの予算

EUの予算は、年間約1,000億ユーロ（約13兆円）である。これは、加盟国の（年間）総生産高の1.2％にあたる。

収　入

EUの財源は、EU圏外から入ってくる農産物やその他の生産物にかけられた関税によって支えられている。この関税によって、そもそもEUの農業は保護されているのである。関税の他に、大きな収入源となっているのが、EU各国の国民総生産に応じた負担金と消費税である。

支　出

EUの予算のほぼ半分（44％）は農業のために割かれている。危機的な状況にある地域を救うためや、開発＊援助のために支出される構造基金＊も加えなければならない。また、あらゆる域内政策（教育、文化、エネルギー、研究）のための支出もある。またEU加盟を望む国々やその他の国々への外交政策への支出もある。たとえば、EUはアフリカにおけるエイズの予防活動を資金援助している。

行政上の支出は、考えられているほどには多くなく、全支出の５％でしかない。予算案を出すのはヨーロッパ委員会＊であるが、EU閣僚理事会＊とヨーロッパ議会＊が予算案可決の最終権限をもっている。農業と外交については、閣僚理事会が最終決定権をもっているが、その他についてはヨーロッパ議会が決定する。

アデルへ

　ブリュッセルに限らず、農民のデモがよくあるわけが少し分かったよ！
パパが教えてくれたんだけど、EUのおかげで、ヨーロッパはすべての住民の食糧を十分にまかなえるようになっただけでなく、消費者の健康にも注意を払うようになったんだって。たとえば、狂牛病がイギリスで流行したとき、EUはイギリスの牛の輸出を禁止したんだ。狂牛病は人に感染する可能性があり、命を奪う恐ろしい病気だからね。

　このあいだ、ママと買い物に行ったとき、ママが教えてくれたんだけど、食品の包装紙には、原産地、消費期限、原材料、キロ当たり、または、リットル当たりの金額が記されているんだよ。ママが言ってたけど、これはEUが、こうしたすべての情報を書くよう義務づけたからなんだって。こうすれば、消費者は買う前に、商品を比較することができるし、お皿にのるものの正体を知ることができるんだ。でも、EUのやっていることは、ときどきナンセンスだって言われているんだよ。たとえば最近、EUの決定機関（閣僚理事会とヨーロッパ議会）が、チョコレートの製造にカカオバター以外の脂肪分を使ってもよいとする法律を採択したんだ。だから、椰子油を使うことだってできるんだよ！　たとえ原材料の5パーセントしか占めてないとしても、そんなものをチョコレートって呼べるのかい！　だから、ベルギーの混ぜ物反対主義者たちは、この法案に強く抵抗したんだけど無駄だったんだよ。

　その他にも、EUがやっているバカげた話は山ほどあるんだよ。EU委員会は、カマンベールチーズの味と見た目が万人受けするものではないという理由で、製造を禁止するんじゃないかと言われていたんだ。でも反対に、その販売は全ヨーロッパで許可されたんだよ。以前は許可されていなかったのにね。

　あ〜あ、こんなこと書いていたら、お腹がすいてきちゃったよ。今日は、このへんで。

　　　　　　　　　　　　　　　　　　　　　　またね！
　　　　　　　　　　　　　　　　　　　　　　サイード

サイードへ

　　　　やっと家にもどったのよ！　旅行はすばらしかったわ。でもやっぱり、自分の部屋と家族のいる場所ってほっとするわ。

　あなたが食品にこんなに興味があったなんて知らなかったわ！　でもね、世の中にあるのは、食べ物だけじゃないわ！　EUは、他にも様々な物に対して規則を作っているのよ。

　たとえば、子どものおもちゃに対しては、とても厳しい規格を定めているの。おもちゃが危険な物でないか確かめるためにテストをするのよ。店頭にならぶ前に、くまのぬいぐるみは、あらゆる方向から圧力を加えられ、構成部品が子どもを傷つけないことを確かめるの。そのテストに合格すると、くまのぬいぐるみは規格に合格したことを証明するCEというラベルを付けられるのよ。そして、こうしたことは、他の多くの物に対しても行われているの。

　ブリュッセルでCEマークの付いた物を見つけて、あなたへのプレゼントに買ってきたの。気に入ってもらえると思うけど、それが何かは今は秘密。見てのお楽しみよ。

　それは、ブリュッセルの中心街、あの有名なグランプラス広場の近くで買ったものよ。この広場には、すてきな建物が並んでいて、建物ごとに違う種類の職人さんがお店を持っているの。たとえば、きつね館にはレース職人のお店とかね。

　旅行の最終日、私たちはグランプラス広場にあるカフェでホットココアを飲んで、今回知り合った友だちみんなと、お別れ会をしたの。　私たちは、カフェの店員さんを少しいらいらさせてしまったのよ。　だって、支払いの時、ベルギー硬貨がなかなか見つからなかったんですもの。お別れ会はすごく盛り上がったけど、でもやっぱり別れって寂しいわね。

　　　　　　　　　　　　　　　　　　　　　　　　　では近いうちに！
　　　　　　　　　　　　　　　　　　　　　　　　　　　　アデル

ブリュッセルのグランプラス広場

アデルへ

　家にもどって、家族と再会して、今はもう寂しくないといいんだけど。
　君がベルギー硬貨を探すのが大変だったという話だけど、もうすぐユーロ*が登場したら、一件落着だね。2002年の1月1日から、EU内のほとんどすべての国々でユーロが流通して、各国通貨は消えていくんだよ。ユーロは旅行や商業取引を便利にして、ヨーロッパ人の連帯感をほんの少し高めるだろうね。お財布にユーロが入る日がやって来るんだ。ユーロセント硬貨と呼ばれる小銭（1，2，5，10，20，50ユーロセント）、それから大きなユーロ硬貨（1，2ユーロ）。お札も7種類あるんだよ（5，10，20，50，100，200，500ユーロ）。1ユーロは6.55957フランなんだよ。
　新しい値段に早く慣れなくてはね。でもユーロになったら、EU各国間の物価を比較するのが簡単になるんだね。
　なんとか頑張らなくちゃ。でもそんなに心配することもないさ。ユーロに慣れるためのいろいろなキャンペーンが行われるだろうし、フランとユーロの両方の値段が表示されたりするだろうからね。それに、ユーロ硬貨にも、それぞれの国のシンボルがつくんだよ。フランスで造られる硬貨の片面には、フランスのシンボルのマリアンヌ、種まく人、それから生命の樹が描かれているんだよ。硬貨のもう一方の面は各国共通で、EUを表しているんだよ。

それじゃあね！
サイード

追伸　フランをユーロに換算するいい方法を教えてあげるよ。最初の金額（フラン）にその半額を足して10で割るんだよ！

100フランの物は、（100＋50）÷10＝15ユーロ

フランをユーロに換算できる計算機

消費者がユーロに慣れるように、商人たちはフランとユーロの両方で値段を表示している

ユーロ硬貨の片面は各国共通で、EUの地図とEU旗*の12の星が描かれている。

もう片方の面は、国によって違う。上の硬貨はフランスのもの。

ベルギーのユーロ硬貨には、ベルギー国王アルベールⅡ世が描かれている。

イタリアのユーロ硬貨には、古代遺跡やルネサンスを象徴するものが描かれている。

ユーロ紙幣には、異なる時代の窓、門、橋が描かれている。これらはコミュニケーションと取引交換を象徴するものである。

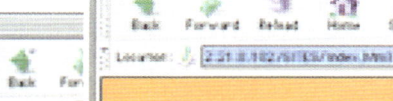

アデルより
リンドフォード、セシリア、エリック、ヤハー　へ

　みなさん、こんにちは！　無事に帰宅されたことと思います。
　私は、ロンワルに午前2時に到着しました！　みんなバスの中で寝ていました。もちろんヴィダル先生は除いてです！
　中学校の学校新聞に載せるために、今回の旅行の話をするように頼まれました。EUについてどう思うか、また、外国人の仲間たちがEUをどう思っているかについて話してほしいということです。
　あなた方のご協力を心待ちにしています！

セシリアより　　アデルへ

　私にとって、今回の旅行は本当に良かったし、みんなもたくさんのことを学んだと思うわ。出会いってすばらしい！　みんなとまた会えることを願っているわ。でも、次の機会には、たぶんもっと大人数になるんじゃないかしら。新たに14ヶ国がEUへの加盟を求めていることを忘れてはならないわ。加盟交渉は1998年に、キプロス、エストニア、ハンガリー、ポーランド、チェコ共和国、スロヴェニアの6ヶ国との間で始まったのよ。EUにとっては、これらの貧しい国々を新たに統合することは、おそらく困難なことだと思うわ。　EUの機構を複雑にしたり（すでに少しも単純ではないのにね！）、EUの財政を圧迫するというリスクを負うことになるんですもの。　たぶん、将来、ヨーロッパはアメリカ合衆国のようになるんでしょうね。共同の軍隊を持ち、外交政策もいっしょに行うような連邦国家にね。あなたはどう思う？　我々ヨーロッパ人は、まだそのような組織を受け入れる準備ができていないという印象を私はもっているの。でも、連邦国家の構想は、ヨーロッパ人がお互いをより身近に感じる手助けになると思うわ。
　　　¡Hasta luego！　（またね！）

ヤハーより　　アデルへ
　やあ、アデル！
　今回の旅行は良かったよ。　たくさんの友だちもできたしね。
　旅行から帰って以来、ずっと考えていたんだけど、EUというの

は本当に便利なものだと思うんだ。ただ、ヨーロッパと第三世界との関係をあまり話してもらえなかったことを残念に思っているんだ。ぼくの学校の歴史の先生にきいてみたら、EUは発展途上国を援助するために、約40億ユーロを割いているんだって。こうしてEUは発展途上国の工業、農業、教育の発展を応援しているんだよ。それに、アフリカ、カリブ海、太平洋の70ヶ国は、EUに入るとき税関を通らなくてもいいんだってさ。緊急事態が発生したときには、EUは各種のNPOと協力して、戦争や自然災害による犠牲者を救助するんだって。こうした援助活動は、世界の人道主義的援助活動のほぼ半分を占めているそうだよ。

　こういうことを知ってから、ぼくはヨーロッパ人であることに、今までより、もっと誇りを感じるようになったんだ。
　　　Auf Wiedersehen！（ではまた！）

エリックより　　アデルへ
　やあ、アデル！
　　今回の旅行は、すっごく良かったよ。またみんなに会いたいなあ。EUについていろいろ学んだけど、ちょっとがっかりしたこともあるんだ。要するに、EUっていうのは、巨大なスーパーマーケットみたいなものじゃないか！国境に税関がなくなったから、みんな大喜びしているけど、ぼくたちの国にはまだたくさんの貧しい人々がいるということを、みんな忘れているんじゃないか。EUは貧しい人々のことを十分に考えているだろうか？なぜ、いまだにたくさんの失業者がいるのだろうか？
　ぼくは、ヨーロッパ議会議員が抱えている仕事は、まだまだあると思うんだ。
　　　Farvel！（それじゃあまた！）

リンドフォードより　　アデルへ
　　みんなと会えなくて寂しいよ。家に帰ってから、ちょっとふさぎ込んでいるんだ。EUの組織はかなり複雑だと思ったよ。ぼくは、EUがわがままな王様のようになりはしまいかと心配しているんだ。つまり、ぼくたちの日常生活からかけ離れた少数の役人を使って、人々に何も知らせずに法律を押しつけるような暴君にね。
　ヨーロッパ議会議員に選出された人たちは、今後より重要な役割を担うようになると思うよ。ぼくの国でさえ、だんだんそう考える人が増えてきているんd。
　　　See you soon with Marine！（今度はマリーヌも一緒に会おう！）

ヨーロッパ連合加盟国

ドイツ
首　都　：　ベルリン
面　積　：　357,000 ㎢
人　口　：　8,170 万人

オーストリア
首　都　：　ウィーン
面　積　：　84,000 ㎢
人　口　：　800 万人

ベルギー
首　都　：　ブリュッセル
面　積　：　30,000 ㎢
人　口　：　1,010 万人

デンマーク
首　都　：　コペンハーゲン
面　積　：　43,000 ㎢
人　口　：　520 万人

スペイン
首　都　：　マドリッド
面　積　：　505,000 ㎢
人　口　：　3,970 万人

フィンランド
首　都　：　ヘルシンキ
面　積　：　337,000 ㎢
人　口　：　513 万人

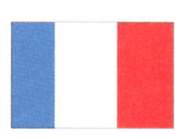

フランス
首　都　：　パリ
面　積　：　547,000 ㎢
人　口　：　5,900 万人

ギリシャ
首　都　：　アテネ
面　積　：　132,000 ㎢
人　口　：　1,050 万人

アイルランド
首　都　：　ダブリン
面　積　：　70,000 ㎢
人　口　：　157 万人

イタリア
首　都　：　ローマ
面　積　：　301,000 ㎢
人　口　：　5,720 万人

ルクセンブルク
首　都　：　ルクセンブルク
面　積　：　3,000 ㎢
人　口　：　41 万人

オランダ
首　都　：　アムステルダム
面　積　：　37,000 ㎢
人　口　：　1,560 万人

ポルトガル
首　都　：　リスボン
面　積　：　92,000 ㎢
人　口　：　980 万人

イギリス
首　都　：　ロンドン
面　積　：　245,000 ㎢
人　口　：　5,840 万人

スウェーデン
首　都　：　ストックホルム
面　積　：　450,000 ㎢
人　口　：　882 万人

◆ 2004 年 5 月に加盟予定の国々

チェコ　　　　　（面積：79,000 ㎢、人口：1,030 万人）
エストニア　　　（面積：45,000 ㎢、人口：136 万人）
キプロス　　　　（面積：9,000 ㎢、人口：76 万人）
ラトヴィア　　　（面積：65,000 ㎢、人口：237 万人）
リトアニア　　　（面積：65,000 ㎢、人口：349 万人）
ハンガリー　　　（面積：93,000 ㎢、人口：1,020 万人）
マルタ　　　　　（面積：300 ㎢、人口：39 万人）
ポーランド　　　（面積：313,000 ㎢、人口：3,864 万人）
スロヴェニア　　（面積：20,000 ㎢、人口：199 万人）
スロヴェキア　　（面積：49,000 ㎢、人口：538 万人）

ヴィクトル・ユーゴーの見たヨーロッパ

　諸君、もし誰かが、いまから4世紀前、村落と村落、都市と都市、地方と地方とのあいだで戦争が行われた時代に、もし誰かが、ロレーヌに、ピカルディーに、ノルマンディーに、ブルターニュに、オーベルニュに、プロヴァンスに、ドフィネに、ブルゴーニュに向かって、次のように言ったとしたらどうだろう。いつかあなた方が戦争をしない日が来る、互いに兵士を招集しない日が来る、ノルマンディー人がピカルディー人を攻撃するとかロレーヌ人がブルゴーニュ人を撃退するなどと言わなくなる日が来る、と。もちろん解決すべき紛争、交渉すべき利益、解消すべき論争はなお残るだろう。しかし、軍人の代わりに、歩兵や騎兵や砲兵、鷹匠や剣士の代わりに何が用いられるかをあなた方は知っているか。あなた方は、樅の木でできた小箱を用いるだろう。投票箱と呼ばれることになるその箱から出てくるのは何か？　みなが生きていると感じられる集まり、みなにとって自分の魂である集まり、最高のものにして人々のものである集会が、掟に従いすべての決定をし、判決をし、問題を解決する。剣はすべて手から抜け落ち、正義がすべての心に宿り、各人に言う。汝の権利はそこで終わり、ここから義務が始まる。武器を置け、平和の内に生きよ。

　もし誰かが、その時代にこう言えば、諸君、現実的で真面目な人々はすべて、当時の政治家はすべて、叫ぶにちがいない。「なんという思弁、なん

という空想。人間というものを知らない者たちよ。不可思議な狂気、馬鹿げた妄想であることよ」と。諸君、時を経て、この妄想こそがいまや現実である。

　諸君が武器を手放す日が来るだろう。今日、ルーアンとアミアン、ボストンとフィラデルフィアの間の戦争がそうであるように、パリとロンドン、ペテルスブルグとベルリン、ウィーンとトリノの間の戦争が、馬鹿げたこと、考えられないことだと感じられる日が来るだろう。諸君が、フランスにせよ、ロシアにせよ、イギリスにせよ、ドイツにせよ、この大陸のすべての国民が、それぞれの栄誉ある個性を失うことなく、より上位の結集に基礎を置き、ヨーロッパの連帯を築く日が来るだろう、あたかもノルマンディー、ブルターニュ、ブルゴーニュ、ロレーヌ、アルザスなどの地方がいずれもフランスの中に融け合ったように。取り引きに開かれた市場、思想に開かれた精神のほかには、戦場はないという日が来るだろう。砲弾や爆弾が、投票によって、人々の普通選挙によって、主権を持つ偉大な元老院の判断によって、とってかわられる日が来るだろう。そして、この元老院こそがイギリスにおける議会、ドイツにおける国会、フランスにおける立法議会にあたるものとなろう。ふたつの巨大なグループ、アメリカ合衆国とヨーロッパ合衆国が、互いに向き合い、海を越えて手を繋ぎ、その製品、商工業、技芸、工学を交換しあい、地球を開拓し、砂漠に植民し、神のまなざしの下に被造物を改良し、よきものを引き出すために、ふたつの無限の力、人間の連帯と神の力を結びつける日が来るだろう。

1849年8月21日の演説
ヴィクトル・ユーゴー全集
パリ、1882年刊

用語解説

☆対象となる語に、本文中では＊を付けました。

アムステルダム条約 *Traité d'Amsterdam* 1997年に署名された条約。ヨーロッパ議会＊の権限を増大させるとともに、EUの管轄を、たとえば雇用のような新しい領域に広げた。〔さらに、2000年にはEUの新しい基本条約としてニース条約が署名されている〕

EU閣僚理事会 *Conseil de l'Union européenne* EU閣僚理事会は加盟各国の利益を代表し、ヨーロッパ議会と立法権を分有する。専門領域ごとに会議は開催され（たとえば、財政関係ならば財務大臣の会議など）、問題に応じて、単純多数決、特定多数決＊（87票中62票以上）あるいは全会一致によって、委員会の提案の採否を決める。特定多数決の場合には、各国はその規模に応じた票数を持っている。たとえば、フランスは10票だが、ルクセンブルクは2票という具合に〔ほかにドイツ・イタリア・イギリスが10票、スペインが8票、ベルギー・ギリシャ・オランダ・ポルトガルが5票、オーストリア・スウェーデンが4票、デンマーク・アイルランド・フィンランドが3票〕。

ＥＵ旗 *Drapeau européen* 青地に12の星を円形に配したEU旗は、1955年にヨーロッパ評議会によって採択された後、1986年には公式式典を経て欧州共同体の旗となった。12という数は完璧さと充実を象徴しているとされている。

ＥＵの公用語 *Langue officielle de l'Union* EUには単一の共通言語は存在せず、現在11の公用語が使われている（デンマーク語、ドイツ語、ギリシャ語、スペイン語、

フランス語、イタリア語、オランダ語、ポルトガル語、フィンランド語、スウェーデン語、英語)。

エリカ号(事件) Erika 1999年にフランスのブルターニュ沖で起きたタンカー座礁事故。原油流出による海洋汚染が大きな問題となった。

開発 Développement 発展途上国に対する援助政策は1970年代にさかのぼる。食料援助・貿易優遇・財政支援のほかに災害救援などがなされている。最も重要なのはロメ協定*の枠組にもとづくものであるが、地中海領域に位置する諸国を対象としたユーロメッド(EUROMED)のような別の枠組もある。

拡大 Élargissement ヨーロッパ連合に新加盟国が入ることをさす表現。現在13ヶ国が加盟申請*しており、うち10ヶ国(キプロス・エストニア・ハンガリー・ポーランド・チェコ・スロヴェニア・ラトヴィア・リトアニア・マルタ・スロヴェキア)とは加盟交渉が終了し、2003年4月16日に加盟条約の調印がされた。〔条約の批准手続も、2003年9月20日にラトヴィアで国民投票がなされたのを最後に、すべて完了している〕

カタロニア人 Catalan(e) スペイン北東部のカタロニア(カタルーニャ)地方に住む人々。カタロニア王国に由来する固有の歴史・文化を持ち、人々はカタロニア語を話す。1978年スペイン憲法によって自治権が認められている。

加盟申請 Demande d'adhésion EUへの新規加盟にはコペンハーゲン基準と呼ばれる基準(民主主義や人権尊重を保証する安定した制度を有すること、市場経済が機能しており一定の経済力を有すること、加盟国としての義務を負う能力を有することなど)を満たすことが必要とされている。

共通外交安全保障政策 CFSP 共通外交安全保障政策は、国家間協定としての性質を持ち、加盟国の全会一致によって共通行動がとられる。この方法によって、パレスチナ自治区の支援が行われている。また、期限付の共通防衛政策が定められており、実際の装備や指揮は北大西洋条約機構(NATO)との協力によっている。

共通農業政策 CAP 1962年に生まれた共通農業政策は、農家の生産と収入の増

大を目指している。そのために市場管理が行われており、委員会の提案にもとづき閣僚理事会が価格を定めている。

共同体規則 Règlement communautaire　EUの法規範で各国で直接に適用される。国内法に優先する。

クルド人 Kurde　トルコ・イラン・イラクの国境地帯に住む民族。ドイツへのトルコ移民の多くを占める。ドイツには600万人以上の外国人が住み、そのうち最も多いのが200万人近くのトルコ人であるが、その中にはクルド人も多数含まれている。

経済通貨連合 Union économique et monétaire　1992年にマーストリヒト条約*によって打ち出されたプロセスをさす。最終的な目標は、12ヶ国（当時）の間に、構成国から独立した中央銀行(ECB)によって管理された単一の通貨ユーロが流通する経済領域を創り出すことである。

構造基金 Fonds structurels　EUの予算の約40％を占め、貧富格差の縮減及び農業・鉱工業の産業構造の転換支援を目的とする。

コソボ地区 Kosovo　ユーゴスラビア連邦セルビア共和国南部の自治州。セルビア政府と独立を目指すアルバニア系住民との間で紛争が生じ、旧ユーゴスラビア連邦解体のきっかけになった紛争地域でもある。1998年に武力衝突が激化して国際問題となり、99年3月にはNATOがユーゴ空爆などの軍事介入を行った。

コメニウス・プログラム Programme Comenius　ソクラテス・プログラムを見よ。

市民権 Citoyenneté　ヨーロッパ連合を構成する国の国籍を持つ者はすべてヨーロッパ市民であり、これにより、ヨーロッパ連合内の自由移動権・自由居住権、地方選挙および欧州選挙の選挙権・被選挙権など様々な権利を有する。

シェンゲン(Schengen)協定　ルクセンブルクのシェンゲンで締結された協定で、域内の国境検問を段階的に廃止し、人の移動の自由を完全に実現することを目指している。イギリスとアイルランドが不参加。

指　令　Directive　　EUレベルの法令の一種で、達成すべき目標を定めるが、そのための方法は各国に委ねるタイプのもの。

ソクラテス・プログラム　Programme Socrates　　1995年以来、このプログラムの下に、各種の教育活動が統合されている。本文中のコメニウス・プログラムは、その一環として初等・中等教育を対象とし、学校間の連携を支援している。〔コメニウスは17世紀チェコの教育思想家の名〕

単一ヨーロッパ（欧州）議定書　Acte unique européen　　1986年に署名された条約で、これによって1992年末までに共同市場を実現すべきことが定められた。

超国家性　Supranationalité　　各国の利益を超え、加盟国全体の利益や共通善を擁護する政策。時として多数の利益のために犠牲を払うことが求められる。

単一市場　Marché unique　　単一議定書にもとづき、公式には1992年12月31日に達成された。この市場は、加盟15ヶ国における資本・物・サービスおよび人の自由移動を保証している。1957年には1億7,000万人であった域内人口は1993年には3億7300万人となった。

特定多数決　majorité qualifiée　　過半数による単純多数決に対して、たとえば、3分の2以上の多数による多数決のように、より多くの数を要する多数決のことをさす。なお、この場合、各国の持つ票数はその規模によって異なる。

農民たちのデモ　manifestation d'agriculteurs　　ヨーロッパの農民たちは、EUの農業政策に反対して、あるいは、グローバリゼーションの流れに対抗するために、デモや集会など、さまざまな形の抗議行動を頻繁に行っている。フランスの農民運動家ボベ氏のように、反グローバリズムの闘士として名高い人もいる。

ベルレモン　Berlaymont　　ブリュッセルにあるEU本部の建物（十字型の特徴ある建物）の通称。建設前にベルレモン修道院（および付属学校）があったことによるものと思われる。なお、修道院（および付属学校）はワーテルローに移転した。

マーストリヒト条約　Traité de Maastricht　　1992年2月6日にオランダの南端の都市マーストリヒトで署名された条約。ローマ条約*を修正してヨーロッパ連合を

創設した。単一議定書に従って、経済通貨連合を実現するとともに、環境・研究・教育などに関する新たな政策や防衛・外交や司法・安全保障における政府間協力の促進政策も打ち出した。

ユーロ Euro 　EUの新通貨で、2002年からは各国の通貨に代わって使用されている。ユーロの補助単位はユーロセントで、1ユーロ＝100ユーロセント。また、フランとの換算比率は、1ユーロ＝6.55957フラン。

ヨーロッパ（欧州）委員会 Commission européenne 　任期5年で各国から選任された、しかし各国からは独立した20名の委員からなる〔フランス・ドイツ・イタリア・スペイン・イギリスから各2名、その他の国から各1名〕。閣僚理事会に対して各種の提案を行う。決定は単純多数決で行われる。採択された提案を実行するのも委員会の仕事である。さらに、委員会は「条約の番人」でもある。現在の委員長はイタリアのロマーノ・プロディ〔任期は2005年1月まで〕。

ヨーロッパ（欧州）議会 Parlement européen 　626名の議員が普通選挙により選出される〔議席は、ドイツが99、フランス・イタリア・イギリスが87、スペインが64、オランダ31、ベルギー・ギリシャ・ポルトガルが25、スウェーデンが22、オーストリアが21、デンマーク・フィンランドが16、アイルランドが15、ルクセンブルグが6〕。議会はストラスブール（フランス）とブリュッセル（ベルギー）で開催され、EU法令の制定や予算の決定に参与する。2002年から、議長はパット・コックス〔アイルランド〕。

ヨーロッパ（欧州）軍 Défense européenne 　1948年にフランス・イギリス・ベネルクス3国によって創設された西ヨーロッパ連合は、外敵の侵略に対する相互援助義務を負うものであった。長い間、北大西洋条約機構（NATO）の存在によって制約を受けてきたが、最近ではその役割は重要になりつつあり、2003年には最初のヨーロッパ軍が創設されることが予定されている。

ヨーロッパ（欧州）経済領域 EEA 　1994年に発効したヨーロッパ経済領域は、EFTA＊諸国とEU諸国を自由貿易圏として結びつけ、その内部では関税が廃止されるとともに経済活動に関する法制度の近接化がはかられている。

ヨーロッパ自由貿易連合 EFTA　1960年に成立した自由貿易圏。これを主導したイギリスは、ヨーロッパ共同体の影響力を抑えることを望んでいたが、1994年にはヨーロッパ経済共同体への歩み寄りがなされ、新たにヨーロッパ経済領域＊（EEA）が創設されるに至っている。その結果、現在の加盟国は、アイスランド・リヒテンシュタイン・ノルウェー・スイスのみとなっている。

ヨーロッパ（欧州）石炭鉄鋼共同体 ECSC　1951年4月18日に、西ドイツ（当時）・フランス・イタリア・ベネルクス3国（ベルギー・オランダ・ルクセンブルク）によって創設された石炭・鉄鋼製品に関する共同市場。国家を超えて、独立の意思を持つ組織としてはヨーロッパで最初のもので、加盟各国の政府から独立した9名の委員によって指導される〔2002年7月23日に廃止〕。

ヨーロッパ（欧州）中央銀行 ECB　マーストリヒト条約によって創設された銀行。通貨共同体に参加する各国の通貨政策を指導し、通貨供給量を調整して急激な物価上昇をさける。加盟各国の政府から独立した地位を持ち、各国中央銀行を指導する。

ヨーロッパ（欧州）投資銀行 EIB　1958年のローマ条約＊にもとづいて設立された銀行で、EUの目的にそった投資のために資金を提供するが、EU域外への投資も行っている。

ヨーロッパ（欧州）防衛共同体 EDC　1952年5月27日に、ヨーロッパ（欧州）石炭鉄鋼共同体＊（ECSC）の加盟国が署名した条約によって創設された。これによってヨーロッパ共同体軍＊が構想されたが、1954年フランスがこの条約を拒否したことにより、放棄を余儀なくされた。

ヨーロッパ（欧州）首脳会議 Conseil européen　1974年に創設。ヨーロッパ首脳会議は「一般的な政策の方向を定めることによって、ヨーロッパ連合の発展に必要な推進力を与える」。加盟各国の元首・首脳を集めて少なくとも年に2回開催される。

ヨーロッパ（欧州）連合 Union européenne　マーストリヒト条約によって設置。中心的な3領域として、域内市場、経済通貨連合（EMU）、共通外交安全保障政策＊

(CFSP) および警察・司法協力を含む。その目的は、「ヨーロッパ諸国間に、市民に身近なところで決定を行う継続的で緊密な連合」を創設することにある。

ローマ条約 Traités de Rome　ヨーロッパ経済共同体（EEC）・ヨーロッパ原子力共同体（Euratom）を設置した条約の総称。1957年3月25日に、ベルギー・西ドイツ（当時）・フランス・イタリア・ルクセンブルク・オランダが署名し、その結果、1億7,200万人の人々に適用されることとなった。

ロメ協定 Convention de Lomé　1975年にヨーロッパ経済共同体の9ヶ国（当時）とアフリカ・カリブ海・太平洋の46ヶ国（当時）との間で締結された協定。これらの国からEU諸国への農業・工業生産物の輸入に対する関税を免除するものであるが、あわせて、これらの国から輸入される製品価格を安定させる制度を設けている。〔ロメはアフリカの地名〕

◆上記の用語解説は、原著に付されたものを基本としていますが、イタリック体（斜体）の見出し語は、日本の読者に必要なものとして、訳者が加えたものです。また、〔　〕内の解説も、同様の観点から、訳者が補充したものです。

◆EUの制度は複雑でかつ頻繁に改正がなされています。日本語で参照できる最新の資料としては、駐日欧州委員会代表部のウェブサイト（http://jpn.cec.eu.int）に掲載されているものが簡便であり、この用語解説でも利用させていただきました。なお、EUのウェブサイト（http://europa.eu.int）ではより詳しい情報が11ヶ国語で提供されています。文献としては、庄司克宏『EU法基礎編』、『EU法政策編』（ともに岩波書店、2003年）が最新のものです。これらも参照しました。

◆東京大学の伊藤洋一さん（EU法）には、用語の意味や訳語につき、いろいろお教えをいただきました。この場を借りてお礼を申し上げます。おかげさまで用語解説はずいぶん改善されましたが、なおも残る誤りは、訳者の調査が及ばなかったことによるものです。

Iconographie

10 Berlin en ruines © Keystone, Caen en ruines © Keystone
12 Palais des droits de l'homme, Strasbourg ©J.-M. Charles/Sygma
Affiche italienne de 1957, signature du Marché Commun et de l'Euratom © Médiathèque de la Commission européenne, Bruxelles
Signature du traité de la CECA en avril 1951 avec R. Shuman et jean Monnet © R. Viollet.
13 Signature du traité de Rome, 25 mars 1957 © Médiathèque de la Commission européenne, Bruxelles
15 R. Schuman à Strasbourg en 1949, prmière réunion du Conseil de l'Europe © R. Viollet
16 Parlement européen, Strasbourg © F. Perri/Hoa Qui
Intérieur du parlement, Strasbourg © Y. Forrestier© Corbis/Sygma
17 Session constitutive du parlement européen, Strasbourg 19-20/07/99 © A. Noguès/Sygma
Élection de Nicole Fontaine à Strasbourg 20/07/99 © J.-B. Vernier/Sygma
21 douane à Ventimille ©J.-P. Amet/Sygma
24 Immigration clandestine à calais, 21/06/2000 © Russell J. B./Corbis-Sygma
25 passeports européens © P. Léger/Gallimard-Jeunesse
26 parlement européen à Bruxelles © Ph. Reuter/Sygma
28 Pollution, étang de Berre © P. Parrot/Sygma
29 Décharge d'Entressen © C. Paris/Sygma
32 Marquage des vaches © P. Le Segrétain/Sygma
Chocolat © P. Léger/Gallimard-jeunesse
33 Grand place de Bruxelles © B. wojtek/Hoa qui
34 Billets Euro © Médiathèque de la Commission européenne, Bruxelles
35 Pièces Euro © Médiathèque de la Commission européenne, Bruxelles
Double affichage des prix, magazin Leclerc, 1998© P. Le Secretain/ Sygma
Calculatrice © P. Léger /Gallimard-jeunesse
Couverture 1ère Élection de Nicole Fontaine à Strasbourg 20/07/99 © J.-B. Vernier/Sygma 4e Berlin en ruines © Keystone

〈著者紹介〉

エドアール・プラムラン（Édouard Pflimlin）
エドアール・プラムランは、歴史学を修めた後にパリ政治学院を終了。ヨーロッパ議会議長を務めた祖父ピエール・プラムランの影響で、幼少時からヨーロッパに関心を持つ。共著として、L'Odyssée de l'euro (Gallimard, 1999) がある。現在は、経済を教えるかたわら、ガリマール社で働く。

シルヴィア・バタイユ（Sylvia Bataille）
37歳。デッサンと写真に魅せられ、パリの芸術学校で勉学。1986年からフリーの写真家として、95年からフリーのイラストレーターとして活動。様々な出版活動に協力。共著の写真集として、O Tannenbaum (Le Drapier /Drei Verlag, 1991) がある。

〈訳者紹介〉

大村浩子（おおむら・ひろこ）
1960年生まれ
1984年津田塾大学国際関係学科卒業
1988年パリ第4大学文明講座・外国人フランス語中級コース修了

大村敦志（おおむら・あつし）
1958年生まれ
1982年東京大学法学部卒業
1987〜89年、フランス政府給費留学生としてパリ第2大学で研究
1999〜2000年、文部省在外研究員としてパリ第2大学で研究
現在、東京大学法学部教授（民法）
著書『生活民法入門』（東京大学出版会、2003）
　　『フランスの社交と法』（有斐閣、2002）
　　『民法総論』（岩波書店、2001）
　　『法典・教育・民法学：民法総論研究』（有斐閣、1999）
　　『法源・解釈・民法学：フランス民法総論研究』（有斐閣、1995）など

若草の市民たち　3― 私たちのヨーロッパ

2004年（平成16年）4月20日　第1版第1刷発行　3125-0101

文　　エドアール・プラムラン
訳　　大村 浩子 ＝ 大村 敦志
絵　　シルヴィア・バタイユ
発行者　今 井　貴
発行所　信山社出版株式会社
〒113-0033　東京都文京区本郷6-2-9-102
電　話　03（3818）1019
ＦＡＸ　03（3818）0344
Printed in Japan

Japanese translation ⓒ大村浩子・大村敦志, 2004
印刷・製本／松澤印刷・文泉閣
ISBN4-7972-3125-4 C6337
NDC 726.601